AF369513

LES
ÉTUVES DIJONNAISES

PAR

Joseph GARNIER

CONSERVATEUR DES ARCHIVES DU DÉPARTEMENT DE LA
CÔTE-D'OR,

CORRESPONDANT DU MINISTÈRE DE L'INSTRUCTION PUBLIQUE.

DIJON, IMP. ET LITH. EUGÈNE JOBARD

1867

LES

ÉTUVES DIJONNAISES

La science archéologique, naguère bornée à l'étude des antiquités grecques ou romaines, a pris un tel développement, depuis un certain nombre d'années, qu'il n'est plus permis de confondre sous le seul nom de temples, les vestiges d'antiquités ramenés à la surface du sol, et d'ignorer les grandes divisions suivant lesquelles on classe les monuments de l'époque du moyen-âge.

Parmi les principaux, figurent les étuves de nos bons aïeux, qui ne furent qu'une dégéné-

rescence des Thermes antiques. Ces derniers
nous sont bien connus, et cela tient à deux
causes principales : — les mœurs des Grecs et
des Romains, pour lesquels les bains furent
toujours de nécessité absolue, et que par consé-
quent leurs écrivains célébrèrent à l'envi ; — les
monuments remarquables et d'un caractère public qui leur furent consacrés.

On est loin d'être aussi avancé dans la connaissance de nos anciennes étuves ; et cela se
comprend jusqu'à un certain point : à peine to-
lérées par le clergé, elles n'existaient guère que
dans les grandes villes. Fréquentées seulement
par les classes aisées de la société, leur nombre
avait toujours plutôt tendu à diminuer qu'à
s'accroître.

Elles étaient demeurées jusqu'à la fin dans
le domaine de l'industrie privée et soumises,
comme toute autre corporation de métiers, à
la juridiction du pouvoir municipal. Aussi est-ce
dans les délibérations des Chambres de ville,
dans les greffes des justices, dans les minutes
des tabellions et jusque dans les vieux ouvrages de médecine, qu'il convient de rechercher
des renseignements, toujours rares, mais d'au-

tant plus précieux au double point de vue de l'étude des mœurs et de l'hygiène publique

Ces considérations témoignent assez que je n'ai aucunement l'intention d'écrire ici l'histoire des Etuves ; je me propose simplement de démontrer que des recherches entreprises dans ce but seraient fécondes en résultats, et que, restreintes à la seule ville de Dijon, elles m'ont fourni un curieux chapitre de ses coutumes passées.

En résumé, cette étude comprend deux parties distinctes.

La première donne l'historique des établissements qui, sous le nom de thermes, étuves, hôtels de bains, se sont succédés à Dijon depuis les Romains jusqu'à nos jours. A ce propos, je dois ajouter que ce n'est pas la première fois que ce sujet a été traité par des érudits dijonnais Girault (1) ; l'annotateur de la nouvelle édition de la *Description du Duché de Bourgogne*, par Courtépée (2), ont parlé incidemment de la seule des étuves qu'ils connaissaient,

(1) Page 223 de ses *Essais historiques et biographiques* (Dijon, 1814, 1 vol. in-8°).
(2) Tome II, page 82 (Dijon, 1847, 4 vol. in-8°).

et encore le récit du premier reproduit par le
second constitue-t-il autant d'erreurs que de
faits (1). Mon savant maître et prédécesseur,
Joseph Boudot, a aussi publié dans le journal
des *Petites-Affiches* de Dijon (2), et sous le pseu-
donyme l'*Annotateur dijonnais*, un recueil ana-
lytique des divers documents sur les étuves,
qu'il avait découverts dans les archives départementales. Ses indications m'ont permis de con-
trôler les pièces originales citées, dont j'ai
singulièrement augmenté le nombre à la suite
de mes explorations dans ces mêmes archives
et surtout dans celles de la Commune, dont

---

(1) Ainsi Girault, parce que l'ordonnance municipale concernant les étuves fut publiée en 1410, en infère qu'elles ont été
établies par le duc Jean. Il avance qu'elles étaient alimentées par les
fontaines du Champ-Damas et de Champ-Maillot, ce qui est contraire
aux documents que nous possédons sur le cours de ces fontaines
dans l'intérieur de la ville, et il termine en disant que ces étuves
étant devenues des lieux de prostitution, la rue où elles étaient
situées prit le nom de rue des *Ribottes*, qu'elle quitta pour prendre
celui de Chanoine. Si Girault avait été plus familiarisé avec la syno-
nymie des rues de Dijon, il aurait su que la portion de la rue Jeannin, entre la rue Vaunerie et la porte Neuve, avait, depuis le trei-
zième siècle, porté simultanément le nom de rue des Chanoines et
de rue des Reboutés, *es Rebotés, es Rebotas,* qui n'ont guère d'a-
nalogie avec *ribottes,* et qui fut vraisemblablement emprunté à la
fontaine communale des Riboutez ou des Lochères, aujourd'hui en-
globée dans le pourpris de Montmusard.
(2) Année 1824, page 574.

ni les uns ni les autres de ces auteurs ne paraissent avoir soupçonné l'importance.

La seconde partie de cette étude est un épisode des mœurs locales au xv° siècle, emprunté tout entier au dossier d'un procès des plus dramatiques, qui, cinq ans durant, troubla la société dijonnaise, et qui, débutant par un tapage nocturne, se termina par une catastrophe. Une grande dame, la femme d'un des premiers officiers du duc de Bourgogne, un riche marchand, son amant, et une maîtresse des étuves étaient les héros de ces débats, où intervinrent personnellement le duc Philippe le Bon et celui qui devait être Charles le Téméraire.

De plus, outre l'intérêt résultant des circonstances même de l'affaire, ce procès offre un spécimen bien curieux des formes de la procédure criminelle usitée par la justice municipale, et surtout du rôle qu'y joua le Parlement de Paris invoqué tour à tour par les parties, intervenant sans cesse, modifiant, bouleversant même l'instruction, sans plus de respect pour une justice qui se rendait au nom du duc de Bourgogne, que s'il se fût agi du plus infime prévôt royal D'un autre côté, les débats de cette affaire confirment encore ce que les contemporains racontent de la corruption des mœurs sous le règne du duc Philippe, et les faits du procès rapprochés de tant d'autres documents du même temps et du même genre, laisseraient supposer que les auteurs des *Cent Nouvelles Nouvelles*, la plupart Bourguignons, n'eurent qu'à interroger leurs souvenirs, pour y puiser la matière des contes les plus salés, dont ils réjouissaient les oreilles du réfugié de Genappe.

Les Etablissements de Bains à Dijon depuis les Romains jusqu'à la Révolution.

PRÈS avoir subjugué les Gaules par la puissance de leurs armes. les Romains en achevèrent la conquête autant par leurs arts et leurs coutumes que par les lois et les institutions qu'ils leur imposèrent.

La rudesse native des vieux Celtes s'adoucit au contact d'une civilisation plus avancée, et l'assimilation chez ce peuple naturellement imitateur fit de tels progrès que moins d'un siècle après elle était à peu près complète. Sans parler de ces temples, de ces théâtres, de ces cirques et de tant d'autres monuments qui avaient transformé leurs anciennes bourgades en autant de cités romaines, il n'était point de centre de population un peu important qui ne possédât des thermes, où ces fils dégénérés des vainqueurs de l'Allia venaient, dociles aux préceptes de Galien, passer successivement du *tepidarium* au *laconicum* (1), et de celui-ci au *caldarium* (2), puis au *frigidarium* (3) pour revenir au *tepidarium* (4).

Le *Castrum Divionense*, dont les ruines attes-

(1) Après s'être déshabillé dans l'*apodyterium* ou *tepidarium*, appartement tiède, où il n'y avait ni baignoire ni réservoir d'eau, on entrait dans le *laconicum* (étuve sèche). C'était ordinairement une coupole de forme arrondie ou polygone, s'appuyant par le bas sur une espèce de four (hypocausis, fornas, fornax). Outre la chaleur qui pénétrait dans le *laconicum* à travers la voûte du four, il y avait toujours une communication plus ou moins directe entre l'air échauffé de ce four et celui de l'intérieur, soit au moyen d'une grande ouverture qui laissait passer aussi bien la flamme que la chaleur, soit au moyen d'une fenêtre de ventilation munie d'un volet avec une corde que les baigneurs tenaient pour ouvrir la fenêtre afin de renouveler l'air. Le *laconicum* était pourvu tout à l'entour de gradins qui permettaient à chaque baigneur de varier, à son gré, la température à laquelle il s'exposait en montant un ou plusieurs gradins, comme cela se pratique encore de nos jours dans les bains russes Il y avait de plus des niches où s'asseyaient les baigneurs pour transpirer.

Quoique le *laconicum* fût originairement une étuve sèche, on en faisait parfois un bain de vapeur en aspergeant d'eau des cailloux incandescents ou le pavé des bains.

(2) Le *caldarium*, bain chaud, comprenait un bassin *piscina* où on pouvait nager, et le *labrum*, *lavacrum*, vaste baignoire peu profonde, munie de larges bords sur lesquels on pouvait s'asseoir.

(3) Bain froid qui se prenait dans un grand bassin.

(4) Tous ces détails sont empruntés aux œuvres d'Oribase, publiées par les docteurs Bussemaker et Daremberg. Paris 1864, ii. Notes du livre X.

tent une antiquité qui date des premiers temps
de l'empire, avait aussi ses thermes. On en a
retrouvé les substructions dans la tranchée ouverte, en 1840, devant le péristyle du théâtre,
à peu de distance du cippe de *Pudentianus.*
L'auteur de cette notice a détaché lui-même
du mur qui les soutenait les tuyaux carrés
en briques qui, de l'hypocauste, amenaient l'air
chaud dans le *laconicum.*

Ces ruines, entassées sous d'autres ruines,
témoignent que nos pères eurent une large part
des désastres au milieu desquels croulait le
monde romain. Toutefois si les thermes dispa-
rurent avec les monuments publics qui déco-
raient nos villes, l'usage des bains n'en persista
pas moins et fut adopté avec faveur par les
conquérants barbares.

A l'exemple des riches gallo-romains, les
rois et leurs leudes et, après eux, les hauts
barons, les seigneurs, voire même les grandes
abbayes, eurent des bains particuliers dans leurs
demeures. Quant au reste de la population, désormais privée d'établissements publics, elle
dut recourir à l'industrie privée

Or, comme les étuves étaient d'un prix moins

élevé que les bains, l'usage s'en répandit davantage, et leur nom remplaça pour ces établissements celui de bains, sous lequel ils avaient
été désignés jusque là.

Au XIIIe siècle cette situation n'avait point
changé ; car, à en juger par le *Livre des Métiers* d'Et. Boileau, prévôt de Paris, les *étuveurs* formaient une corporation distincte, ayant
statuts et règlements (1).

En ce qui concerne la Bourgogne, les étuves
et les étuveurs n'apparaissent dans nos documents que vers la fin du XIVe siècle.

Les premières étuves qu'ils signalent sont
celles du Palais des Ducs de Bourgogne, qui,
avec celles de l'hôtel de l'évêque de Langres (2),
sont les seules privées, dont l'existence nous ait
été révélée.

Les étuves ducales étaient bâties dans la
basse-cour de l'hôtel, emplacement qu'occupe
aujourd'hui l'îlot de maisons circonscrit par les

----

(1) *Livre des Métiers* d'Et. Boileau, prévôt de Paris. — *Collec-
tion des documents inédits relatifs à l'histoire de France*, 1 vol.
in-4.

(2) L'hôtel de Langres fut converti au XVIIe siècle en couvent de
Jacobines. En 1454, Jean l'Enragé, maçon, était gouverneur de ces
étuves. Archiv. municip. (Procès criminel n. 670.)

rues Rameau, Chabot-Charny, des Bons-Enfants
et la place d'Armes qui n'existait pas encore,
et que séparait du palais, la petite rue qui
menait de la Porte-aux-Lions à la Sainte-Chapelle (1).

Elles furent reconstruites en 1384 (2) par
Marguerite de Flandres, femme du duc Philippe
le Hardi.

C'était un pavillon carré, entièrement isolé
et entouré d'une galerie (3). Il comprenait un
souterrain où se trouvaient les fourneaux (4),
un rez-de-chaussée renfermant les baignoires et
les étuves (5); une vis ou escalier tournant placé
en dehors du pavillon (6) conduisait à l'étage
supérieur (7) où se trouvaient plusieurs grandes
chambres avec un comble couvert en bar-
deaux (8). Un puits était creusé à proximité (9),
et, comme dépendance, la duchesse y ajouta

(1) Aujourd'hui rue Rameau.
(2) Compte d'Amlot-Arnault, receveur général de Bourgogne.
(3) Compte de J. Moisson, receveur du bailllage de Dijon, 1416-1417.
(4) Chambre des Comptes. Titres.
(5) Compte de J. Moisson, 1416-1417.
(6) Compte d'Odot le Bediet, receveur du bailliage, 1447-1448.
(7) *Id.*
(8) *Id.*, d'Odot le Bediet, 1447-1448 ; d'Etienne Chambellan, receveur du bailliage 1461-1462.
(9) Compte d'Odot le Bediet, 1447-1448.

un jardin particulier qu'elle acheta aux chanoines de la Sainte-Chapelle (1) et qu'elle fit en-
tourer de treilles et d'*archots* en fil de fer pour
se défendre des regards indiscrets (2). Sa bru,
Marguerite de Bavière, continua ces améliora-
tions d'un lieu dont elle faisait un fréquent
usage. Ainsi, en 1416, l'huis des étuves mal
joint, laissant pénétrer l'air extérieur, la duchesse le fit revêtir d'une pièce de feutre dou-
blée d'une peau de mégis qu'on fixa par quatre
cents clous (3). En outre, comme il lui déplaisait
de traverser la voie publique pour s'y rendre,
elle fit élever une galerie à la hauteur des ap-
partements du premier étage du palais, à travers
la grande cour, et jeter un pont par dessus la
rue pour descendre aux étuves. Cette galerie,
soutenue par des colonnes en pierres, était en
bois et couverte en tuiles vernissées. Deux fe-
nêtres ornées de verrières l'éclairaient, et l'intérieur était revêtu de vives peintures. On mé-
nagea, dans le massif de la maçonnerie du degré
qui descendait au jardin des étuves, un espace

(1) Domaine Ducal. Dijon et comptes des receveurs.
(2) Compte de J. d'Auxonne, receveur du bailliage, 1387-1388.
(3) Compte de J. Moisson, 1416-1417.

suffisant pour loger le « porc-épic de Madame, » parce qu'il rongeait partout les cloisons de bois dans lesquelles on le tenait enfermé (1).

A partir de ce moment, cette partie de l'hôtel fut considérée comme dépendance de l'habitation du prince, et partant réservée pour le logement des membres de la famille. Marguerite, veuve du duc de Guyenne, étant venue voir sa mère en 1415, on la logea au pavillon des étuves, et, afin de lui éviter un long détour quand elle se rendait au palais, on ouvrit une porte au bas d'une petite tournelle du mur d'enceinte, qui bordait la rue de la Sainte-Chapelle (2).

Il en fut de même sous le règne de Philippe le Bon, où, sans cesser de remplir le but pour lequel elles avaient été créées, les étuves ou plutôt les chambres des étuves continuèrent à héberger les princes de la maison En 1431, notamment, on y logea les jeunes enfants de Nevers, propres neveux du duc (3). Et mieux encore,

(1) Compte de J. Moisson, 1416-1417
(2) Compte de J. Moisson, 1415-1416.
(3) Compte de J. de Visen, receveur du bailliage de Dijon. — Mais comme durant la longue absence du duc les bâtiments avaient été fort négligés, on s'aperçut qu'il pleuvait sur le lit, force fut donc de courir au couvreur qui se hâta de réparer le dommage.

aussitôt après sa naissance (10 décembre 1435.
on y transféra Charles le Téméraire avec sa
nourrice (1) et les dames de sa maison. Afin
qu'il y demeurât en toute sécurité, on isola tout
à fait le jardin du reste de la basse cour en y
élevant une cloison en planches 2). Il y sé-
journa durant les premiers mois de son existence, jusqu'au moment où on l'installa dans
une salle du palais, avoisinant la chambre de
sa mère

Cette transformation des étuves en nourrice-
rie n'empêchait pas le duc et la duchesse. non
plus que leur famille et les plus distingués de
leur hôtes, de s'en servir pour leur usage per-
sonnel Les comptes des receveurs témoignent
au contraire qu'ils ne négligeaient rien de ce
qui pouvait aider au délassement qu'ils y venaient chercher. A l'exemple de son aïeule Marguerite de Flandre, et sans doute pour le même
motif, Isabelle de Portugal faisait surélever le
mur qui les séparait de la maison des Enfants

(1) Simoune Sauvegrain, femme de J. Morel, conseiller du duc
et gouverneur de la chancellerie du duché.
(2) Compte de J. de Viseu, receveur du bailllage de Dijon, 1431-
1434.

de la Sainte-Chapelle (1). Philippe, de son côté,
remplaçait la vieille chaudière en fer par une
immense chaudière d'airain conservée dans la
maison de l'artillerie (2). Puis, comme il s'était
aperçu que le réservoir qui alimentait les étuves était insuffisant, il avait commandé à maître Guillaume Anceau, huchier, une cuve carrée
d'une dimension colossale, puisque, disent les
comptes, elle jaugeait 50 queues d'eau (22,800
litres) (3).

Ce n'est pas tout : ce prince qui tenait, ainsi
qu'il l'écrivit lui-même au receveur général, à
ce que « ces estuves et baingnoires fussent toujours entretenues en bon estat, » lui prescrivit
de faire chauffer les étuves et remplir la cuve
tous les mois. Donc, au jour nommé, six hom-

(1) Compte d'Odot le Bediet, 1443-1444. — Cette maison canoniale
de la Sainte-Chapelle de Dijon était affectée au logement des enfants
de chœur du chapitre.

(2) Livre de l'artillerie, 1411-1444. — Il est dit que cette chaudière avait servi pour faire les potages des pauvres réfugiés à l'hôtel
d'Ogny.

(3) Philippe fut si satisfait de ce tour de force en foudrerie qu'il
manda Anceau en Flandre, pour en faire une pareille « en l'une de
ses maisons. » Anceau s'y rendit et reçut 10 fr. pour ses frais de
voyage et ceux de son compagnon ; mais, comme durant son absence,
les gens chargés « du gouvernement » de la cuve en avaient brisé
tous les corniers, il lui fallut, au retour, réparer le dommage qui
coûta 12 gros. Compte d'Odot le Bediet, 1445-1446.

mes passaient trois journées entières à remplir
le réservoir, les chaudières, et brûlaient cons-
ciencieusement en pure perte, et pour accom-
plir la volonté souveraine, cinq à six moules de
bois et un chariot de fagots Cela dura ainsi
quelques années ; mais, comme à partir de cette
époque, Philippe, qui vieillissait, ne vint plus
guère en Bourgogne, cette dépense cessa comme
inutile, et les étuves ne figurèrent désormais
plus dans nos comptes qu'au chapitre des ouvrages et réparations

Le règne de Charles n'apporta aucune modi-
fication à cet état de choses. Quand, après sa
mort, le palais fut devenu le Logis du Roi et la
résidence des gouverneurs, la régie de ses bâtiments passa de la Chambre des Comptes aux
Trésoriers de France, dont les archives ne nous
ont conservé que la mention de réparations faites,
en 1560, aux bâtiments des étuves joignant le
Jeu de Peaume du Roi. On sait seulement qu'elles
existaient encore en 1634, et qu'elles furent dé-
molies après la concession aux particuliers, de
l'îlot au milieu duquel elles étaient établies (1).

(1) La maison Trumet n° 6 à 14 de la rue Rameau occupe l'emplacement de ces étuves.

Les étuves publiques étaient au xve siècle au nombre de quatre. Par un hasard assez singulier, elles se trouvaient placées aux quatre points cardinaux de la ville et au centre des quartiers qu'elles devaient desservir.

Au nord, celles de la rue du Vertbois ainsi nommée à cause des ormeaux sous lesquels on vendait les porcs et le sargis (grosse draperie). — C'est aujourd'hui la partie nord de la rue Verrerie — Ces étuves devaient occuper une des maisons du côté ouest de la rue, entre l'hôtel de Saint-Seine et la maison qui fait l'angle de la rue du Champ-de-Mars.

Les étuves de Saint-Michel, qui appartenaient à l'abbaye de Saint-Etienne, étaient placées rue des Chanoines ou des Reboutlées, près du carrefour de la Vannerie et de la Serrurerie. Les maisons 29 et 31 de la rue Jeannin en occupent la place (1).

A l'ouest, les étuves dites de Saint-Seine s'étendaient au fond de l'hôtel de l'abbaye de ce nom, rue de la porte Guillaume, non loin du lieu où se relevaient les gages de bataille. L'hô-

(1) Archives de la Côte-d'Or. Fonds de l'abbaye de Saint-Etienne.

tel de la Cloche s'élève aujourd'hui sur leur emplacement (1).

Enfin, au midi, rue du Four-de-Cluny, les étuves de la Rochelle, parce qu'elles étaient contiguës à une belle maison qu'un individu, originaire de la Rochelle, y avait fait bâtir (n° 12). La rue du Four-de-Cluny, appelée aussi rue de Cluny, rue du Four, rue de la Rochelle, rue des Etuves, est depuis 1792 la rue Cazotte, et la maison qui a succédé aux étuves y porte les n°° 14 et 16 (2).

Toutes ces étuves n'avaient, il faut le dire, rien de commun avec les anciens thermes dont elles dérivaient. Non seulement rien, si ce n'est une auge de pierre, ne les distinguait au dehors des autres établissements industriels, mais le plus souvent, et pour les causes que nous indiquerons plus loin, elles étaient situées au fond de profondes maisons ayant issue sur des rues voisines, ce qui permettait d'y entrer ou d'en sortir sans être vu.

(1) Archives de la Côte-d'Or. Fonds de l'abbaye de Saint-Seine et de Dijon. Chambre des comptes. — Protocoles des notaires.

(2) Archives de la Côte-d'Or. Fonds des églises Saint-Jean et Notre-Dame. — Archives municipales.

L'intérieur répondait à l'extérieur. Nos pères n'ayant conservé des anciens bains romains que le bain chaud *(Caldarium)*, et l'étuve à air chaud *(laconicon)*, les étuves étaient disposées pour satisfaire à ce double besoin, mais sans nul confort et dans sa plus simple expression, ainsi que le tout résulte des documents placés sous nos yeux.

Elles comportaient généralement un rez-de-chaussée sur cave, un étage et des greniers dessus (1).

Dans la cave, qui remplaçait l'hypocauste antique, se trouvaient deux fours ou fourneaux bâtis en briques et ciment, dont le massif traversait la voûte et ne dépassait point le niveau du sol du rez-de-chaussée.

Ce rez-de-chaussée était ordinairement divisé en deux grandes pièces avec une antichambre commune.

La salle des bains se composait d'une grande piscine en bois qui rappelait plutôt le *labrum*

______

(1) Documents cités plus haut et protocoles de P. de Dammartin, notaire à Dijon, n° 102; — de J. Dubois, notaire, 1407, n° 117, aux Archives départementales. Procès de la Saignant, Archives municipales.

que l'*oceanum* des anciens L'eau chaude puisée
dans la chaudière placée à l'extrémité de la
salle et l'eau froide y étaient amenées par des
corps en bois. Autour de la pièce, et quand les
locaux le permettaient, il y avait encore des baignoires aussi en bois destinées aux personnes
riches ou malades.

La salle des étuves proprement dites rappelait davantage le *laconicon* Au lieu de supporter
une chaudière ouverte comme dans le précédent,
le massif de maçonnerie, je dirai presque le
poêle, se terminait en coupole, percé de trous au
travers desquels s'échappait l'air chaud. Des
siéges et gradins s'élevaient autour du massif
et permettaient aux baigneurs de s'exposer,
comme ils le désiraient, aux effets de la chaleur.

Nos étuveurs, à l'exemple de leurs confrères
de Paris, criaient-ils dans les rues que leurs étuves étaient chaudes (1) ? C'est ce que nos documents ne nous font point connaître; non plus,
ce qui est probable, si elles étaient fermées les
dimanches et fêtes ; en revanche, ils témoignent qu'elles étaient assidûment fréquentées

(1) *Livre des Métiers* d'Et. Boileau.

par toute la population : seulement, comme l'étuve coûtait moitié moins cher que le bain, ceux-ci demeurèrent longtemps le privilège des classes riches qui usaient simultanément de l'un et de l'autre.

L'usage des cabinets étant inconnu, les bains, ainsi que les étuves, se prenaient en commun, selon l'antique coutume. Qu'on juge donc ce qui devait se passer dans une réunion d'individus très légèrement vêtus, s'ébattant les uns dans une grande piscine, ou bien groupés autour d'un foyer incandescent. Aussi, et qu'elle que fût la simplicité des mœurs de l'époque, un contact aussi immédiat devait avoir de fâcheuses conséquences, et je n'en veux pour preuve à Paris que les règlements imposés aux étuveurs dès le règne de Philippe-le-Hardi. A Dijon, sans préjudice des ordonnances dont nous allons parler, l'une des premières clauses des anciens statuts des barbiers leur interdisait sous peine de **20** sols d'amende, « d'aller » besogner aux étuves, comme chose ni licite, » ni honneste. »

Une ordonnance municipale du **18** avril 1410 avait d'abord distribué les hommes et les femmes entre les quatre étuves de la ville, sous peine de 40 sols d'amende contre tout délinquant (1), amende que, par parenthèse, un moine de Saint-Bénigne trouvé aux étuves avec deux femmes mariées aurait payée sans l'intervention de son abbé (2). Mais cette mesure, qui contrariait les habitudes de clientèle ou de voisinage, fut rapportée par une autre ordonnance du 6 mai 1412, qui laissa à chacun le choix de son étuviste, à la condition pour les hommes de ne s'y rendre que le mardi et le jeudi, et pour les femmes le lundi et le mercredi. « S'il y a hommes, ajouta-t-elle, qui se » veuille bouter de force avec les femmes, il » paiera 60 sols d'amende (3). »

Assigner deux jours par semaine aux deux sexes pour leur admission aux étuves, empêcher la violence, c'est tout ce que, dans l'intérêt des honnêtes gens, la mairie pût exiger des

(1) Délibéré que es estuves des Roiches et de l'ostel Merment se estuveront les femmes, et es estuves Guillaume Journaul et de Voulant, yront et se estuveront les hommes, à peine de 40 sols, et que ceux qui tiennent les estuves des Roiches ne laissent estuver les hommes, ou ceux de Journaul et Vaulant, les femmes, et que les hommes et femmes voisent esdites estuves selon ce que dit est.

(2) Sentence municipale du 11 décembre 1410.

(3) Registre des délibérations.

étuvistes gens de petit état, comme on disait
alors, décriés d'autant, et qui vivaient sans
cesse partagés entre la crainte du procureur-
syndic et l'appât de certains bénéfices. Aussi les
plus honnêtes se bornaient à exécuter la lettre du règlement et, pourvu qu'il n'y eût pas
contrainte, fermaient volontiers les yeux sur
tout le reste, sans plus de souci de la morale
publique. Au surplus, cela était si bien accepté,
que bourgeoises ou femmes d'artisans, qui ne
l'ignoraient pas, n'abordaient les étuves aux
jours réservés qu'en grand nombre, ou sous la
garde de leurs maris Les autres jours les étuves
devenaient des lieux de plaisirs de toute sorte,
quand cela ne descendait pas en lieux de prostitution Quand baigneurs ou baigneuses, après
avoir successivement passé de l'étuve au bain
chaud, se reposaient sur des lits disposés dans
les chambres de l'étage et se réconfortaient en
buvant, à petit coup, des hanaps remplis d'un
vin épicé, il arrivait souvent que l'établissement
se changeait en salles de festins ; alors, selon
l'énergique expression d'une contemporaine,
« on oyait crier, hutiner, saulter tellement
» qu'on était étonné que les voisins le souffris.

» sent, la justice le dissimulât et la terre le
« supportât (1). »

La mairie n'ignorait rien de ce qui s'y passait ; mais son action se trouvait paralysée, si
non par ses propres membres, du moins par
des personnages considérables dont ces établissements servaient les plaisirs (2).

Il fallut, comme nous le dirons plus loin,
pour qu'elle sévit une fois, que l'opinion publique se montrât si menaçante que tout dût s'in-
cliner devant elle Et d'ailleurs, tout en se mon-
trant rigoureuse, ces sévérités appliquées à
l'effet et non à la cause laissèrent subsister le
mal dans son entier Bref ce ne fut pas trop pour
l'affaiblir, sinon pour l'extirper de notre ville,
du concours simultané de mesures dictées par le
salut public et du soulèvement des passions reli-
gieuses causé par l'invasion du protestantisme.

Vers la fin du xve siècle, la mairie de Dijon,
qui n'avait jamais opposé que des prières publiques ou des processions générales aux pestes et
aux autres maladies contagieuses qui chaque
année décimaient la population, commença à

(1) Procès criminel de Jeanne Saignant, maîtresse des étuves.
(2) Id.

prendre des mesures de salubrité de plus en
plus multipliées pour sinon en empêcher le retour, du moins en atténuer les effets En même
temps donc qu'elle prescrivait le balayage des
rues et le transport des immondices sur les
remparts ou aux décharges publiques, elle interdisait d'une façon absolue toutes les assem-
blées publiques ou particulières, surtout celles
qui se tenaient aux étuves. Défense expresse
était faite de les chauffer, et des peines rigou-
reuses frappaient la plus légère infraction Or,
comme l'épidémie régnait toujours durant les
chaleurs, l'accès des étuves n'étant plus possible dans la saison où elles étaient le plus fréquentées, il fallut bien que leur clientèle s'en
déshabituât

D'un autre côté, le développement rapide du
protestantisme ayant exalté d'autant la foi des
anciens catholiques, l'Eglise, comme l'autorité
civile, se trouvèrent d'accord pour réprimer
enfin des scandales qui avaient fourni et four-
nissaient encore des arguments puissants aussi
bien contre l'ancien culte que contre ses minis-
tres. L'institution des prédicateurs d'Avent et
de Carême, aux gages de la mairie, coïncida

avec d'autres mesures dictées par la morale publique. On supprima l'antique maison des fillettes, on expulsa ses habitantes, on les traqua partout ; et, comme elles s'étaient réfugiées aux étuves, la mairie n'hésita plus : elle supprima, en 1569, les seules qui eussent survécu.

Dès la fin du xve siècle, celles de Saint-Seine avaient cessé de fonctionner.

Celles de Saint-Michel avaient été converties, en 1520, en maison d'habitation (1)

Celles du Vertbois cessèrent de chauffer vers 1564 (2).

Quant à celles de la Rochelle, la mairie, comme nous venons de le dire, vu « les cla-
» meurs, plaintes et doléances du mauvais et
» scandaleux train qu'on y faisait, et de ce que
» plusieurs servantes y étaient débauchées et
» attirées à mal faire, » enjoignit à Etienne Boulée, maître desdites étuves, d'abattre son fourneau et de n'y faire après aucun exercice (3).

(1) Archives de la Côte-d'Or.— Fonds de l'abbaye de Saint-Etienne. Bail à cens de l'emplacement des étuves Saint-Michel.

(2) 1545. Alignement donné à la maison des étuves du Vertbois. En 1565 elles étaient occupées par six ménages. Rôles des tailles de la ville

(3) Reg. des délibérations de la Chambre de ville, 29 juillet 1569.

Il faut croire que les motifs qui avaient amené la suppression des étuves persistèrent long-temps, car il s'écoula plus d'un siècle avant que cette profession ne reparût dans nos actes publics, encore toutefois avec un caractère bien différent.

Depuis longtemps déjà les chirurgiens s'efforçaient de séparer complètement leur profession de celle des barbiers, avec lesquels ils étaient assimilés, et ceux-ci qui pressentaient une séparation imminente et partant préjudiciable à leurs intérêts, voulurent s'en dédommager en relevant à leur profit un métier naguère encore tombé dans l'abjection. En même temps donc que le chirurgien s'élevait dans la hiérarchie de l'art de guérir (1), le barbier, déposant la lancette et le bistouri (2), joignit, de par une ordonnance municipale de l'année 1678, à son titre de barbier celui de perruquier baigneur-étuviste. Il eut le droit d'avoir une boutique fermée de châssis à grands carreaux, décorée,

____

(1) En 1669, un arrêt du Parlement avait assimilé les chirurgiens aux médecins pour l'admission aux fonctions municipales.

(2) Une ordonnance de la mairie, rendue en 1672, avait interdit aux barbiers l'exercice de la médecine.

surmontée de bassins blancs (les jaunes étant réservés aux chirurgiens) avec cette inscription :

CÉANS

ON FAIT LE POIL PROPEMENT

ET

ON TIENT BAINS ET ESTUVES.

Bref, si les chirurgiens conservèrent encore la faculté de manier le rasoir à l'occasion, leurs anciens confrères obtinrent, en revanche, le privilége exclusif de confectionner et vendre toute espèce d'ouvrages en cheveux, des poudres, des opiats, des savonnettes, des parfums, des pâtes et des essences ; de nettoyer les dents et, dit l'ordonnance, de faire tout ce qui concernait l'ornement, la propreté, la netteté et la santé du corps humain. (1)

La vogue revint donc aux barbiers étuvistes,

(1) Archives municipales. Statuts des barbiers, perruquiers, étuvistes.

mais avec un public différent de celui qui remplissait jadis les anciennes étuves. En effet, sans atteindre les proportions des établissements de ce genre qui fleurissaient à Paris, ceux de Dijon, si modestes qu'ils fussent, étaient d'une fréquentation trop coûteuse pour le peuple et la petite bourgeoisie réduits aux bains de la rivière ; aussi devinrent-ils le rendez-vous des oisifs et du monde élégant qui peuplait les nombreux hôtels de la ville. Les barbiers étuvistes se maintinrent-ils dans les limites tracées par leurs statuts? la morale publique n'eut-elle jamais à se plaindre de ce qui se passait dans leur arrière-boutique ? s'y commit-il beaucoup de scandales ? C'est ce que nous n'approfondirons point, bien que nous ayons de fortes raisons pour penser le contraire

Quoi qu'il en soit, les établissements des barbiers étuvistes continuèrent à être fréquentés jusqu'à la seconde moitié du xviiiᵉ siècle; mais alors, soit que la mode eût changé, soit, ce qui est plus probable, que les baigneurs n'y trouvassent point ce confort, ces commodités qu'ils trouvaient dans les bains des plus grandes villes, ils abandonnèrent peu à peu les bains des étuvistes, sans pour cela y être remplacés par la classe moyenne qui, trouvant leur prix toujours élevé, s'en tint de plus fort au *frigidarium* naturel de la rivière d'Ouche.

Un endroit avait été ménagé dans l'Ile pour les bains des femmes, et la mairie avait édicté des peines très sévères contre quiconque se permettait de venir les y troubler (1).

Les choses en étaient là, lorsqu'un sieur Bourrassier, premier huissier à la Table de Marbre, sollicita de la mairie l'autorisation de construire dans une propriété qu'il avait au faubourg Renne, deux pavillons sur la rivière d'Ouche, avec des cabinets disposés pour y prendre des bains froids ou des bains chauds « Les malades, disait-il dans un prospectus distribué à cet effet, » qui jusqu'ici n'avaient pu se procurer des » bains propres et commodes, jouiront désor- » mais de ce double avantage, sans exposer leur » vie languissante au peu d'expérience de ceux » qui les servaient en pareilles circonstances ;

(1) Une ordonnance municipale du 26 juillet 17.1 avait menacé d'amende arbitraire, de prison et de plus grande peine, suivant l'exigence du cas, ceux qui seraient tentés d'enfreindre sa défense.

» les personnes de qualité, les ecclésiastiques,
» les bourgeois, les artistes honnêtes seront
» reçus dans les bains du sieur Bourrassier avec
» toute la décence possible, sans communica-
» tion des deux sexes »

Le prix en était ainsi fixé : bains froids, 20 sols ;
bains chauds, 30 sols ; 10 sols en plus quand ils
étaient pris le soir ou la nuit, et 3 liv. quand,
après le bain, on désirait se reposer et prendre un bouillon.

La mairie accueillit avec empressement une
proposition qui répondait à un besoin public, et
elle autorisa Bourrassier à placer cette inscription au dessus de la porte de son pavillon :

HOTEL DES BAINS

SOUS LA PROTECTION

de

MM. LES MAGISTRATS.

Deux ans après, Bourrassier, voulant aussi
procurer aux dames la facilité de prendre des

bains d'eau courante, établit une tente sur la rivière, en avant de ses bâtiments, et obtint, à cet effet, des magistrats le renouvellement des peines sévères contenues dans l'ordonnance de police du 26 juillet 1771.

Bourrassier, dont le succès répondait aux efforts, compléta son établissement en créant de chaque côté de son pavillon, et à une distance suffisante l'un de l'autre, deux bains d'eau courante destinés aux deux sexes. Le prix en fut fixé à 12 sols par personne en fournissant le linge, et à 6 sols sans linge ; mais comme cette nouvelle construction lui avait été fort dispendieuse, il demanda et obtint de la Chambre de ville le monopole exclusif de donner des bains froids ou chauds dans la ville De plus, elle l'autorisa à prendre, à ses frais, des soldats du guet, pour maintenir l'ordre et la tranquillité durant la saison des bains (1)

Jusque-là on avait favorisé l'entrepreneur qui, ayant pris à son service la dernière des étuvistes en titre d'office (2), croyait en avoir

(1) Ordonnance municipale du 15 mai 1779.

(2) Il lui avait laissé la faculté de donner à son profit, des bains de siége dans dix tonneaux coupés par le milieu, ainsi que cela se pratiquait alors, moyennant 12 sols en été, et 15 en hiver.

fini avec les perruquiers ; mais ceux-ci mécontents de ce que la mairie n'avait point ratifié l'obligation souscrite par Bourassier, de payer chaque année **100 fr.** d'indemnité à la corporation, intentèrent à celui-ci un procès. Le droit inscrit dans les lettres de maîtrise dont ils se prévalaient était si positif que Bourassier, qui du reste ne redoutait plus leur concurrence, sollicita lui-même le retrait de son privilège.

Les perruquiers retirèrent-ils beaucoup d'avantages de cette instance ? C'est ce que nous n'avons pu découvrir ; mais si tant est qu'ils réussirent, leur triomphe fut de courte durée, car, dix ans plus tard, la Révolution française consacrait la liberté de l'industrie, et le régime de la libre concurrence.

De ce qu'il advint de l'intimité d'une grande dame avec la maîtresse des étuves.

E 30 mai 1464, Mme Claire Berbisey, femme de Jean de Molème, secrétaire de M le duc de Bourgogne, jeune femme de vingt-six ans, après, comme elle le disait, « s'être ébattue la soirée avec sa sœur, ses enfants et ses maignées (1), » venait de se coucher paisiblement, quand, entre onze heures et minuit, « elle fut moult esbaye et se donna grands merveilles » d'entendre heurter à la porte de l'escalier qui, de la cour intérieure de la maison, conduisait à sa chambre. Elle appela la chambrière qui reposait auprès d'elle, et, sautant à bas du lit, elle courut

(1) Chambrières.

« en sa chemise » à la verrière, au travers de
laquelle elle vit un homme qui, grimpé à la
hauteur de la fenêtre, regardait dans la chambre et parlait bas à un autre individu caché
dans l'ombre. Bien qu'elle l'eût reconnu pour
un de ses parents, elle et ses chambrières n'en
crièrent pas moins : « au murtre, alarme, aux
» voleurs, » tant et si bien que les voisins ac-
coururent à la rescousse, mais les assaillants
avaient décampé.

Dès le lendemain Mme de Molème, qui avait
compris le but de l'agression, fit sa plainte à
M. le maire. Elle lui en dénonça comme les auteurs Chrétiennot Vyon (1), son cousin, assisté d'un nommé Jean Mercier, dit Douhet, et
« requit que, par justice, réparation de son hon-
» neur lui fut faite comme il appartenait. »

Certes, toute grave que fut cette offense,
Mme Claire dans les circonstances particulières
où elle se trouvait vis-à-vis de l'un des inculpés,
eut beaucoup mieux fait, comme la suite le dé-
montrera, de dissimuler et surtout de ne dési-

(1) Chrétiennot était neveu de Richard Vyon, président de la
Chambre des Comptes, dont la fille, sa cousine germaine, avait
épousé Étienne Berbisey, frère de Claire.

gner personne Emportée par la colère, elle oublia qu'elle allait raviver des souvenirs mal éteints, et que la satisfaction qu'elle poursuivait pourrait lui coûter cher.

Ces réflexions n'arrêtèrent pas les Berbisey, ses frères, non plus que Jacques Bonne, antique mayeur, et Guillaume Chambellan, ses parents Ceux-ci n'ignoraient pourtant pas ses antécédents mais, forts de l'influence qu'ils avaient dans les conseils de la ville, et espérant donner le change à l'opinion publique, ils n'en persistèrent pas moins à travestir une vengeance d'amant éconduit en une tentative d'assassinat.

L'instruction criminelle fut confiée à Mr Jehan Rabustel, qui, depuis quarante ans, remplissait les difficiles fonctions de procureur-syndic de la commune. On acquit bientôt la conviction que Mme de Molême avait échappé à un complot tramé par une misérable femme qui, après avoir été sa complice, voulait achever de la perdre d'honneur et de réputation.

A cette époque, la maison qui porte aujourd'hui les n°s 14 et 16 de la rue Cazotte, était occupée par des bains publics qu'on appelait les *Étuves de la Rochelle* ou de *Saint-Philibert*.

Jeannotte Saignant, leur maîtresse, femme de
la plus dangereuse espèce, les avaient notoire-
ment transformées en lieu de prostitution ; ce
qui n'empêchait pas qu'elles ne fussent fréquentées aux jours et aux heures assignés par les
règlements municipaux, aussi bien par la
noblesse, la magistrature, le haut et le bas
clergé, que par la bourgeoisie et le reste du po-
pulaire

Jeannotte, il est vrai, comme le témoigne
l'enquête placée sous nos yeux, avait un lan-
gage si séduisant que les malheureuses filles
dont elle avait abusé, avouaient à la justice
« qu'elles ne pouvaient tenir qu'elles n'allas-
» sent courant vers elle, tant elle estoit belle
» parlière et périlleuse langarde. » Aussi elle
était toujours pourvue « de jeunes chambellières
» de haute gresse, très complaisantes et bien
» induites » au service de la maison. En digne
appareilleuse, elle possédait de secrets « réduits
» bien subtils » pour les amants dont on gênait
les entrevues. Elle n'inspectait jamais d'un regard trop curieux telle jolie femme qui, dégui-
sée en clerc, la figure « embruchonnée » d'un
chaperon, venait le soir, en joyeuse compa-

gnie, se plonger dans un bain parfumé de
marjolaine, ou bien s'abandonner aux molles
langueurs de l'étuve. Profondément corrompue,
sa plus vive jouissance était d'exciter ou de fa-
voriser la débauche sans respect ni considéra-
tion pour personne. Aussi plusieurs jeunes
bourgeoises s'étaient-elles plaintes à la justice
de ce que, s'étant rendues aux étuves aux jours
qui leur étaient réservés par les ordonnances,
elles avaient été insultées dans leur bain par
des habitués que la Saignant y introduisait
avant ou après elles.

Bref, méchante et vindicative jusqu'à payer
« en char » ou en argent la satisfaction de se
venger d'un ennemi, elle trouvait sous ce rapport des complices jusque dans les plus hauts
rangs de la noblesse. Maîtresse enfin de plus
d'un secret honteux, elle s'était créé des pro-
tections avouées et patentes à l'abri desquelles
son insolence et ses turpitudes ne connurent
plus de bornes.

De quelle nature avaient été les relations de
Mme de Molème avec une pareille femme? C'est
ce que l'enquête se garda bien de dire. La mairie n'ignorait cependant point, à en juger par

les documents émanés du syndic, qu'elles avaient
été assez intimes pour donner lieu aux inter-
prétations les plus fâcheuses lors d'un procès
naguère intenté à la femme Saignant, et dont
celle-ci était sortie saine et sauve, grâce à ses
protecteurs occultes.

Quoi qu'il en soit, quinze jours avant l'atten-
tat, Mme de Molème et Jeanne Saignant « prirent
» noise, » on ne sait pour quel motif ; elles se
brouillèrent, et Mme de Molème lui défendit sa
porte. La Saignant, outrée de l'affront, lui fit
entendre qu'elle était femme à se venger de
plus grande dame qu'elle. « Ah ! Claire, dit-elle
» en la quittant, s'il pleut sur moi, il dégoûtera
» sur vous Avant quinze jours, quand j'aurai
» parlé à un homme que vous savez, on vous
» mettra tant de gens devant et derrière de vo-
» tre hôtel que vous n'y aurez jamais hon-
» neur. »

L'homme auquel elle faisait allusion était
Jean Mercier, dit Douhet, jeune et riche marchand, que Jeannotte savait bien avoir été naguère dans les bonnes grâces de la dame. Effectivement Douhet, vivement épris de la dame de
Molème, lui avait envoyé, par l'intermédiaire

de la Saignant, de si riches bijoux (1), qu'elle
s'était trouvée sans force pour résister à des
sollicitations dont la Saignant et sa propre
nourrice se faisaient les interprètes

Ce commerce avait duré deux ans, au bout
desquels Claire, s'étant « énamourée » de Claude
de Boigne, serviteur du seigneur d'Autrey, se
disant gentilhomme, mais en réalité « povre,
» souffreteux, excommunié plus qu'un chien et
» grand déceveur de femmes, » elle avait éconduit Jehan Douhet qui, vivement blessé de l'in-
fidélité de sa dame, avait embrassé avec ardeur
la querelle de la Saignant et promis de la secon-
der dans ses projets de vengeance.

Le jour de l'attaque, Jeannotte Saignant, in-
formée que Claude de Boigne, à peine débar-
qué à l'auberge de l'*Aigle-Noir*, située dans le
voisinage des étuves, avait été mandé le soir
par Mme de Molême, qui partait le lendemain
pour la Flandre, résolut de saisir cette occasion
pour satisfaire son inimitié. Il fut convenu
qu'aussitôt que de Boigne serait entré à l'hôtel

____

(1) Un anneau d'or surmonté d'un rubis, un diamant et une verge
d'or émaillée de noir et de blanc.

de Molême, Douhet ameuterait les voisins et provoquerait un scandale. Le projet était bien conçu ; heureusement pour Mme de Molême, les amis de Boigne, instruits de certaines menaces échappées à Douhet, obtinrent de lui qu'il ne bougerait de sa chambre. Néanmoins, le soir arrivé, Douhet, bien convaincu que l'écuyer serait fidèle au rendez-vous, ceignit son épée et se mit à rôder autour de l'hôtel de Molême. Mais comme cette maison, sise rue Saint-Jean (1), avait deux entrées, l'une sur la rue et l'autre à l'extrémité de vastes jardins qui s'étendaient jusque sur le cours de Suzon, vers la Chapelle-aux-Riches, Douhet qui n'ignorait pas que cette disposition l'empêcherait d'agir seul, se mit en quête de complices. Sûr d'en rencontrer aux environs de la maison des étuves, il s'y diri-gea, et vit bientôt venir à lui un nommé Chré-tiennot Vyon, accompagné de trois autres, parmi lesquels l'hôtelier chez qui de Boigne était descendu Douhet, sans hésiter, les aborde,

---

(1) Vraisemblablement l'hôtel d'Esternoz. On parle dans l'information des vastes terrains et jardins dépendant de cet hôtel, sous les ombrages desquels les voisins voyaient bien souvent des couples mystérieux venir se perdre au sortir des étuves.

leur raconte de prétendus griefs contre de Boigne qu'il leur assure, malgré les dénégations
formelles de l'hôtelier, être couché dans une
certaine maison ; puis, voyant qu'ils hésitent,
il tire à part Chrétiennot Vyon, lui dit que cette
maison est celle de Jean de Molême, « et qu'il
» serait bon qu'ils y allassent bailler un effroy,
» afin que Claude de Boigne allât faire ses au-
» bades autre part » Chrétiennot, parent de
Claire, « en fut fort déplaisant. » Il répondit à
Douhet que lui aussi avait des motifs de haine
contre ce Claude qui, ignorant sa parenté avec
Mme de Molême, lui avait dit un jour « qu'il
» n'avait garde de se noyer, parce qu'il avait
» femme à Dijon qui lui soustenoit bien le
» menton; laquelle estoit de lui amoureuse et
» en faisoit à sa volonté. C'est, avait-il ajouté,
» dans un des bons hôtels de la ville, où il y a
» la charge d'un âne en vaisselle d'argent. J'y
» suis festoyé comme un grand seigneur. Il y
» a surtout une damoiselle d'argent qui jette
» l'eau par la mamelle dont je suis servi pour
» laver mes mains après disner et soupper, »
et, pour achever la confession, il nomma Mme de
Molême. Irrité donc de ce que lui apprenait

Douhet, Vyon, sans réfléchir que l'acte auquel on le conviait devait couvrir de honte un membre de sa famille, accepta la proposition et promit son concours.

Vyon, du reste, était une de ces natures irréfléchies, brutales, emportées par des passions sans frein, et qui ne reculent devant rien pour les satisfaire ; aussi avait-il la réputation la plus détestable (1). Et, comme on était toujours certain de le rencontrer là où il y avait des coups à donner ou à recevoir, on ne comptait plus le chiffre des affaires qu'il s'était fait avec la justice municipale. Donc, « cuidant, » comme il le dit lui-même, que, pour garder l'honneur de sa cousine, il fallait aller chercher dans sa maison l'amant qu'elle y avait fait entrer, il suivit Douhet qui l'emmena aux étuves, où probablement la Saignant lui donna des raisons si convaincantes qu'il courut chercher son épée et rejoignit Douhet devant l'hôtel de Molème.

Celui-ci ouvrit, à l'aide d'une clé qu'il avait

______

(1) Sa fin fut aussi déplorable que sa vie ; en 1477 il périt sur l'échafaud pour avoir assassiné J. Joard, président de Bourgogne, lors de la révolte contre Louis XI. Voir *Correspondance de la mairie de Dijon*, I, introduction.

conservée, la porte de l'allée commune qui menait sur le cours de Suzon ; puis, s'armant d'une
pierre il frappa rudement à la porte de la maison de Molême et courut ensuite s'embusquer
au fond de l'allée pour couper la retraite à
de Boigne, tandis que Chrétiennot gardait la
porte de la rue ; mais rien n'ayant bougé dans
la maison, ils revinrent à la charge, enfon-
cèrent la porte et pénétrèrent dans la cour.
C'est alors que Mme de Molême les vit et donna
l'alarme.

L'enquête du procureur-syndic ayant suffi-
samment établi la culpabilité des accusés, la
mairie qui pressentait le retentissement que
cette affaire allait produire à la cour du duc où
Jean de Molême occupait un si haut rang,
poussa vigoureusement les choses. De son côté
la famille Berbisey s'était portée partie civile.
Étienne (l'aîné), licencié ès-lois, que ses talents
avaient déjà fait appeler dans le Conseil du duc,
s'était chargé de la rédaction des mémoires, et
tous secondaient activement les poursuites de
la justice. On mit la main sur Chrétiennot Vyon ;
quant à Douhet qui, dès les premiers jours, avait
disparu, Philippe Bergain, sergent-trompette.

l'ajourna solennellement à cor et à cri dans tous les carrefours de la ville.

Si la famille Berbisey était riche et puissante, Douhet ne manquait ni d'amis, ni de résolution. Il releva donc le gant qu'on lui jetait et défendit pied à pied la position. Bien que l'alibi qu'il cherchait à établir, dès le début du procès, ne fut pas soutenable après les aveux de Vyon, ce fut le système qu'il employa quand, le dix-huitième jour, il se présenta assisté d'un procureur devant les jours du maire Il prêta serment sur l'évangile et dénia formellement toute l'accusation.

Quelque convaincu que fut le tribunal, les formalités de justice l'empêchaient de passer outre ; il ordonna par *continuation* une *ampliation d'enquête* et une information sur les *défenses* de l'accusé, ce dont son procureur appela au Parlement de France Puis. quand il demeura avéré que les instructions nouvelles lui étaient encore plus défavorables, il renouvela appel de toute la procédure.

Durant ce temps Vyon était toujours incarcéré Sa famille ayant fait des démarches pour obtenir sa liberté sous caution, le procureur du

duc au bailliage, qui surveillait attentivement
l'affaire, et la famille Berbisey intervinrent, et
force fut de le laisser en prison, où, selon toute
prévision, on pensait que Douhet devait bientôt le rejoindre. Mais telle n'était pas l'intention de celui-ci. Effectivement, comme les en-
quêtes avaient surabondamment établi sa culpabilité, le maire qui « doubtoit que ledit Mer-
» cier adverti ne se rendit fugitif, le print au
» corps et le remit au sergent pour l'empri-
» sonner. » Douhet protesta contre l'illégalité
de la mesure Toutefois, quand le maire lui eut
déclaré que, par « révérence de son appel, » il
ne procéderait pas contre lui et qu'il le mènerait
prisonnier au juge dont il avait appelé, Douhet,
paraissant se raviser, manifesta au maire le dé-
sir de renoncer à son appel et de se soumettre à
la justice ; ce qui ayant été agréé, il le « requist,
» après un grand serment, de le laisser aller en
» prison paisiblement, sans être mené honteuse-
» ment par les sergents. » Puis, quand le maire
y eut acquiescé, il s'enfuit en franchise à Saint-
Bénigne, d'où il envoya ordre à son procureur
de relever de nouveau l'appel qu'il avait fait des
procédures, et se sauva ensuite en Lorraine.

Cependant le procureur-syndic, qui ne lâchait pas prise, avait fait ajourner Douhet à bref délai, et, à son défaut, prononcer son bannissement et la confiscation de ses biens, quand arrivèrent les *lettres royaux* obtenues par l'accusé. Elles ordonnaient la suspension des poursuites, assignaient le maire à comparoir au parlement et donnaient à Douhet une sécurité dont il profita pour revenir à Dijon en toute liberté, « à grant desrision et esclandre de justice » Démarche imprudente, car à ces lettres royaux, les maire et échevins en opposèrent immédiatement d'autres, en vertu desquelles la Cour appliquant ce principe « que, par ordonnances » royaux, on ne doit surseoir pour opposi- » tions ne appellations des malfaiteurs, » enjoignit au sergent à cheval Jean Durant de se rendre à Dijon ; et là, s'il lui apparaissait à vue de pièces de la culpabilité de Douhet, de l'arrêter et de le mener prisonnier à la conciergerie du Palais. Jean Durant, arrivé le 16 août, dressa une enquête secrète, à la suite de laquelle il se rendit au domicile de l'accusé, où il ne trouva que sa femme, Catherine Naissant, qui lui répondit que son mari était absent depuis plus de quinze jours, déclaration confirmée par les voisins C'est pourquoi Durant, assisté d'un notaire, manda le trompette de la ville et se transporta à tous les carrefours de la ville ; il assigna Douhet à la Cour du Parlement du 16 novembre. Puis le lendemain, retourné chez Douhet pour mettre la main du roi sur ses biens, il y rencontra la femme qui comme « procu- » reuse » de son mari, lui signifia l'appel qu'il interjetait de tout son exploit qu'elle qualifiait de *garde enfreinte*. Douhet, averti à temps, s'é- tait enfui. Bientôt, sur l'avis de ses parents, il revint secrètement et en franchise à Dijon (1), d'où il sollicita, par le ministère de son procu- reur au Parlement, des lettres de sauvegarde contre tout ce que ses ennemis pourraient en- treprendre sur sa personne ; ces lettres datées du 16 novembre furent signées le 24 du même mois.

Toutefois Douhet, malgré toute son habileté, n'avait pas compté avec les vieux praticiens qui dirigeaient la justice municipale. Il aurait

(1) Le maire fit commencer une information contre son beau- père et Chrétiennot Bollier, son procureur, qui lui avaient donné asile, 1464, 28 septembre.

dû se souvenir qu'un homme comme lui, ancien compère de l'entremetteuse Jeannotte, n'était pas sans avoir sur la conscience certains méfaits, dont le souvenir, habilement exploité, pouvait être victorieusement invoqué contre lui. Jean de Molême, arrivé tout exprès des Flandres, et dont la confiance dans la fidélité de sa femme ne paraissait pas avoir été ébranlée, semblait puiser dans ce sentiment (était-il sincère?) l'acharnement qu'il mettait à venger l'injure faite à sa maison.

Redoutant surtout de voir Douhet échapper encore une fois, il pressait la mairie de le faire arrêter, et, comme celle-ci se retranchait derrière l'inviolabilité des lettres royaux, il lui dénonça un prétendu viol commis par l'accusé quelques années auparavant. Le président de Bourgogne ayant été consulté, le procureur syndic commença une information à la suite de laquelle le maire, qui savait Douhet rentré à Dijon sur la foi des lettres, le manda dans son hôtel, où, après lui avoir donné toutes les assurances possibles, il le constitua prisonnier.

Vainement le sergent royal, qui venait de signifier les lettres qu'on foulait aux pieds, insista-t-il pour sa mise en liberté, en vain menaça t-il de l'indignation royale ; le maire lui répondit que si l'accusé avait appelé de son arrestation, il le conduirait lui-même devant les juges quand il verrait le relief de cet appel. Les officiers du bailliage, plus sympathiques au mari qu'à l'amant, firent la sourde oreille, et le vieux Rabustel qui était malade et couché dans son lit, après avoir feint l'ignorance de ce qui s'était passé en disant au sergent que souvent, en son absence, on faisait acte de justice, le pria de lui accorder un délai jusqu'au lendemain ; et quand Ancel de Senlis se représenta, on lui montra une cédule par laquelle Rabustel déclarait que l'arrestation n'avait point été faite pour la cause dont était d'appel, mais pour certain crime de ravissement ; qu'au surplus le procès ne serait point commencé, et qu'il s'obligeait à mener Douhet prisonnier en la conciergerie du Palais, au jour qui avait été assigné.

Les magistrats avaient été d'autant mieux inspirés que quelques jours après ils reçurent une lettre du duc Philippe-le-Bon (1) qui, pre-

(1) Correspondance de la Mairie de Dijon Tome I, n° 58.

nant une part active à l'injure infligée à son secrétaire, leur enjoignit expressément de poursuivre cette matière à toute diligence, soit à Paris ou ailleurs, tellement que le cas ne demeurât pas impuni, et que, par leur négligence, il ne fût pas obligé d'y pourvoir lui-même.

Cette intervention personnelle du duc dans le débat ne ralentit point le zèle des amis de Douhet, au contraire. Au bout d'un mois, on vit revenir Ancel de Senlis, porteur de ces lettres de relief d'appel sollicitées par Douhet, avec un mandement du procureur général d'ouvrir une enquête sur les faits dont Douhet était incriminé; et, s'il en résultait la preuve non d'un crime, comme le soutenait la mairie, mais d'un simple excès, de faire élargir l'accusé en le sommant d'avoir à se constituer prisonnier en la conciergerie du Palais avant le 22 février. Douhet recouvra donc la liberté et partit aussitôt pour Paris accompagné de son procureur et de la Saignant. Il y retrouva les délégués de la mairie en compagnie de Jean de Molême, descendu en l'*Hôtel d'Artois* avec une ambassade du duc de Bourgogne, et dans l'intention de profiter du court séjour qu'il devait faire à Paris pour en finir avec son ennemi. Douhet ne s'étant pas encore présenté à la conciergerie, la Cour, sur la requête des maire et échevins, ordonna à Mathieu Macheco, huissier, de se mettre en quête de l'inculpé et de l'arrêter

Ici nous laissons la parole à cet officier de justice :

« Ledit jour 20 février 1464, à heure de vi au soir ou environ, me fut dit par ceulx qui poursuyvoient ledit emprisonnement que ledit Mercier estoit un homme vacabont, lequel ne se montroit point par ceste ville de Paris, et ne alloit que de nuyt, aujourd'huy en ung lieu et demain en ung aultre pour doubte de sa personne ; dont je répondis que je ne le sauroye où trouver, si je ne le congnoissoye. Et ung peu après me monstrèrent ung nommé Chrestiennot Boulier, qui estoit au Palais, lequel comme ils disoient estoit celui qui conduisoit et soy entremesloit du procès dudit Mercier, et nul autre que à luy l'on ne pourroit mieulx adresser pour enseigner où il seroit trouvé, auquel je répondis que je congnoissoye ledit Chrestiennot et qu'il estoit de

Dijon, et que aultreffois lui avoye presté argent, lequel il me devoit encore.

» Et incontinent me adressay devers ledit Chrestiennot pour sentir de lui nouvelle dudit Mercier. Mais incontinent qu'il me advisa, il me dit qu'il estoit mon tenu ; et après ce que lui et moi parlasmes ensemble, il me dit qu'il yroit volontiers devers l'abbé de Saint-Étienne de Dijon, et que je voulsisse aller devers lui en sa compagnie, et qu'il feroit tellement que je se-roye content de ce qu'il me devoit pour ce que ledit abbé est plege pour lui.

» Et à heure d'environ vi et vii audit soir et jour dessusdit, nous transportasmes en l'ostel dudit abbé, devant Sainte-Geneviefve, lequel abbé ne trouvasmes point, et adonc icellui Chrestiennot me dit qu'il volloit aller devant maistre Jehan de Poupincourt pour un procès qu'il conduisoit et avoit mené en ladite Cour de Parlement pour ung son ami nommé Mercier dessus nommé, à l'encontre de la ville de Dijon et de maistre Jehan de Molesme ; dont je lui respondis que ledit de Molesme estoit homme de bien et que la paix vauldroit mieulx faire que aultrement, dont il respondit que lui et le-

dit Mercier ne demandoient aultre chose, et que
ledit Molesme estoit en ceste ville et me voul-
droit bien prier que je lui touchasse de la matière. Et je lui demandoy où estoit ledit Mercier et il me fist response qu'il estoit en ceste
ville, mais il ne se monstroit point et pour
cause ; mais si je voulloye le oyr parler, que
voulentiers il le feroit parler à moy en une
église, et je lui respondis que j'avoye entendu
que ledit Molesme devoit partir hors de ceste
ville le lendemain, et que cependant qu'il estoit
qu'il feroit bien de lui en faire parler par ledit
abbé de Saint-Estienne Et adonc de rechef me
requist que je voulsisse luy en parler moy mesme, et je lui respondis que je alloye devers lui,
affin qu'il me portast lettres en Flandre, là où
il alloit, et que voulentiers je lui toucheroye de
la matière et qu'il me dist ce qu'il voulloit que
je lui deisse ; et il me dit en effect que ledit
Mercier, pour les excez qu'il lui a fait en son
hostel, il estoit près de le repparer tout à sa
voulenté et lui feroit juge, et je lui deys que
c'estoit beaucoup

» Adonc, moy et ledit Chrestiennot, nous
transportasmes en la rue Saint-Jacques au lo-

gis dudit Molesmes; et, quand nous fusmes à
l'huys, je lui dey qu'il s'en allast pendant que
je parleroy à lui et qu'il retournast devers moy
au carrefour Saint-Severin ung peu après VIII
heures, et que je lui diroye la response en les
termes qu'il tendroit. Et ce fait je me trahy
par devers ledit Molesme et lui recitay en
brief les offres, etc. Mais icellui Molesme n'y
volt entendre. Ains me dit que le procès estoit
en justice et en Court souveraine, et que je
feisse ce que la Court avoit ordonné, et que ledit Mercier et Chrestiennot étoient gens tels
quels et que l'on savoit bien le gouvernement
dudit Mercier et les grans excez qu'il avoit
faits, etc. Et que se je ne me tenoye près dudit Mercier que je ne le trouvoye pas bien quand
je vouldroye, et qu'il savoit beaucoup de tours.

» Adonc me party de devant ledit Molesme
et lui deys que je feroye ce que à moi seroit
possible et pour ce que je sceu aucunement
que ledit Mercier estoit en une taverne envers
la place Maubert, et aussi ledit Chrestiennot
m'avoit requis lui dire la response dudit Molesme. Je me transportay en aucuns lieux en
quérant où il y avoit aucunes gens de Bour-

goingne. Et tellement que je adressay audit
hostel là où ils estoient ainsi comme environ
viii ou ix heures de nuyt. Et incontinant que
les dessusdis me apperceurent ils laissèrent la
compagnie avec lesquels ils estoient et vindrent
devers moy. Et, en briefs mots, je leur deys
comme ledit Molesme n'estoit pas en point
d'être rapaisié. Et oultre plus que l'on m'avoit
baillé une requeste émanée de ladite Court de
Parlement par laquelle m'estoit mandé prendre
ledit Mercier et mener prisonnier en la Conciergerie du Palais, et leur monstray ladite requeste, et ce fait le feis prisonnier du roi, etc.
Et après plusieurs requestes que ledit Mercier
et aussi ledit Chrestiennot me eurent faites et
tenu illec longtemps, je deis audit Mercier qu'il
convenoit qu'il obéist aux commandements et
appointements de ladite Court, et ils me respondirent que ainsi ils feroient et parloient très
bel Et se despouilla ledit Mercier d'une robe
longue qu'il avoit et print et vestit un manteau
court. Et en yssant hors de ladite taverne je
deys audit Chrestiennot qu'il demeurast en ladite taverne, ou s'en allast en son logis, là où
il estoit logié. A quoi il me respondit qu'il lui

tiendroit compagnie et me déclara que c'estoit
son frère ou au moins, ledit Mercier avait espousé
sa sœur, et qu'il le plegeoit corps pour corps
de le moy mener et rendre partout où je vouldroye. Et aussi toucha-il en ma main en moy
priant que pour Dieu je le menasse parler audit Molesme ou à maistre Simon Radin et qu'il
appaiseroit tout, et qu'il me pleist de ne le mener point en ladite conciergerie pour ladite
nuyt, et que le landemain au matin il se ren-
droit prisonnier, su que moy mesme le menasse au cas que ledit Molesme ou Rodin n'en
estoient contens. Et plus estoit que pour ma
sécureté, ils étoient contents d'aller coucher en
mon hostel pour ladite nuyt.

» A quoi je leur respondis que, au regard dudit Molesme, je ne retourneroye point devers
lui; mais audit maistre Simon Radin j'estoye
content de le oyr, et puis je adviseoye ce que
je devoye faire. Et en allant devers ledit Radin,
aussi comme je tenoye de ma main et bras des-
tre par dessoubs le bras ledit Mercier prisonnier, comme dit est. Et ledit Chrestiennot lequel me tenoit de l'aultre côsté senestre, et mon
varlet lequel portoit la clarté et estoit monté

sur mon cheval, soudainement ledit Mercier eschappa et me bailla une escousse de bras tellement que je ne le peus arrester. Et ledit Chrestiennot me serra et tint à force de bras, affin que sondit frère peult mieux et plus légèrement soy aller. A donc, je commencé à escryer à mon varlet qu'il allast après, mais il n'eust pas sitost tourné son cheval que l'on ne sceut que devint ledit Mercier. Et pareillement ledit Chrestiennot se vouloit absenter, mais je le feis prisonnier du roy et le arrestay tellement quellement. Et incontinent, à l'aide de sergens de Chastellet, je le constituay prisonnier en la conciergerie dudit Palais. »

Cependant Mercier ayant été informé que ses adversaires, le solliciteur des causes du duc en tête, avaient obtenu défaut contre lui, et que, s'il ne se présentait pas, il courrait risque d'abord d'être arrêté, déchu du bénéfice de ses lettres et condamné aux dépens, adressa une requête à la Cour pour être entendu On lui répondit qu'il eût à se constituer prisonnier, force lui fut donc de s'y résigner Le 2 mars, deux conseillers procédèrent à son interrogatoire Enfin, le 19 mars, le Parlement mit les appellations des deux parties à néant, convertit les attentats en excès et renvoya l'affaire à la connaissance de la mairie, avec l'injonction à Douhet de se constituer prisonnier le 15 mai dans les prisons de Dijon, sous peine de perdition de cause et d'être déclaré atteint et convaincu des cas à lui imposés.

A peine cet arrêt était-il connu à Dijon, que les magistrats reçurent de Bruxelles une lettre très pressante du duc Philippe (1) qui leur mandait que, « sans retardement, faveur ou dissimulation, ils procédassent par telle voie que Douhet fût puni à l'exemple d'autres, » menaçant, si on y faisait faute, d'y pourvoir lui-même. Le comte de Charolais, qui avait Jean de Molême en singulière recommandation, « lequel s'était complaint à lui du mauvais et énorme cas commis dans son hostel, » se joignit à son père pour demander « très acertes » la punition et correction de Douhet (2).

Celui-ci ne perdit pas courage ; il conserva sa fermeté jusqu'au bout. Reconnaissant bien qu'avec de tels encouragements ses ennemis ne se

(1) *Correspondance de la mairie de Dijon*, I. N° 59.
(2)   *Id.*   N° 60.

feraient pas scrupule d'éluder l'interprétation
du Parlement de Paris, il ne voulut pas leur
donner la satisfaction de le savoir entre leurs
mains, au lieu de se rendre en prison, il accepta les offres de Guillaume de Pontailler. sire
de Talmay, et entra, en qualité d'homme d'armes, dans la compagnie qu'il rassemblait pour
l'armée que devait commander le comte de
Charolais Toutefois, comme il tenait à rester
dans la légalité, il le manda aux magistrats en
s'excusant de ne pouvoir répondre à leur appel,
et en demanda le renvoi jusqu'à quarante jours.
après le licenciement du corps auquel il appartenait

Guillaume de Pontailler et son beau-père,
Charles de Vergy, seigneur d'Autrey, sénéchal
de Bourgogne, appuyèrent chaudement cette
pétition, à laquelle ceux-ci ne répondirent
qu'en sommant le suppliant d'avoir à se repré-
senter.

On devine ce qui arriva. Le 15 mai, Douhet,
ayant fait défaut, fut ajourné au 30 du même
mois et réajourné au 20 juin; et comme dans
l'intervalle. le duc, informé de la nouvelle situation de l'accusé, avait ordonné de passer

outre (1), le troisième ajournement fut publié, puis le 16 juillet, la mairie, conformément aux conclusions du procureur syndic, condamna Douhet, par défaut, au bannissement perpétuel, aux frais de l'instance, et prononça la confiscation de ses biens.

C'était rude ; toutefois Douhet s'était trop bien trouvé de ses appels en France pour ne point y recourir encore dans cette dernière conjecture

Cependant, comme durant ce long procès les nombreux témoins entendus dans l'information dressée contre la Saignant, délivrés des craintes qu'elle leur inspirait, n'avaient point tous gardé le secret recommandé par la justice, l'opinion un moment égarée sur Douhet, lui était revenue tout entière On avait appris que Mme de Molème, cette pauvre victime des plus noires calomnies, à qui ses relations avec Douhet et de Boigne n'avaient jamais suffi, fréquentait les étuves de la Saignant plus souvent qu'il ne convenait à une femme de sa condition. Il est vrai qu'elle disait pour s'en justifier qu'elle

(1) *Correspondance de la mairie de Dijon*. I, N° 64.

était *tendre femme* (1) Chose plus grave, les voisines qui filaient sur leurs portes avaient remarqué que Mme de Molème et son inséparable nourrice choisissaient pour s'y rendre les jours précisément réservés aux hommes; qu'aussitôt qu'elles s'étaient « boutées es estuves, » la Jeannotte courait avertir les gentilshommes logés à Saint-Bénigne, qui bientôt arrivaient avec « pastés à la saulse chaulde, coquasses de viandes, vins, ypocras, » et qu'alors commençait une orgie dont ces trois femmes étaient les héroïnes. Si dans ces instants, ajoutaient les bonnes commères, des étrangers se présentaient aux bains, on les renvoyait en leur disant que les étuves n'étaient pas chaudes. Enfin Jeannotte elle-même, dans ses moments d'abandon avec ses favoris, ne se gênait pas pour donner les détails les plus circonstanciés sur certaine *femme noire (brune), apétissante et bien houssée* (2), dont elle narrait avec complaisance les exploits amoureux.

L'échafaudage accumulé par les Berbisey pour couvrir la honte de leur sœur n'était plus

______

(1) C'est-à-dire qu'elle avait la peau délicate.
(2) Procès criminel de la Saignant, enquête de 1461.

soutenable La lumière se fit et redoubla le zèle des amis du malheureux Douhet Bientôt, à force de démarches, ses protecteurs purent parvenir jusqu'au souverain et lui faire connaître la vérité. Philippe-le-Bon avait trop aimé les femmes pour ne pas comprendre les écarts auxquels cette passion peut entraîner. Il jugea donc que Douhet avait assez payé sa faute ; il lui acccorda des lettres de rémission, contre lesquelles les magistrats municipaux qui avaient dépensé en pure perte 200 écus d'or, eurent le mauvais goût de protester, ce qui du reste n'empêcha point leur enregistrement.

Pour revenir à ses complices, Chrétiennot Vyon, ayant eu le bon esprit de ne point appeler à Paris, il fut quitte, grâce aux sollicitations de sa famille, pour quelques mois de prison, après avoir crié merci au parent qu'il avait offensé.

Quant à la Saignant, son procès eut un dénouement plus tragique. L'information de 1461, ayant eu pour effet de la faire décréter d'arrestation, elle en avait appelé au Parlement de Paris, qui avait ordonné sa mise en liberté et évoqué l'affaire. Jeannotte, triomphante, avait fait assigner tous les témoins, et, certaine

qu'elle était, de l'impossibilité de la plupart de
ces pauvres gens de se rendre à Paris, elle ju-
geait sa cause gagnée par défaut. Elle avait, à
cette époque, pour principal soutien Jehan Coustain, natif de Dijon, venu à la cour du duc, disent Chastelain et Molinet, avec une méchante
robe de toile, et qui était parvenu à si bien cap-
ter la faveur de Philippe-le-Bon qu'il l'avait fait
chevalier, seigneur de Navilly-sur-le-Doubs, premier valet de chambre, et ne voyait que par
ses yeux. Coustain avait promis à la Saignant
de lui faire obtenir un mandement spécial du
duc qui autoriserait son commerce ; il lui avait
même, à cet effet, laissé une sorte de blanc-seing
et défendu au maire de Dijon et au scelleur
de Langres (1) de rien entreprendre contre elle.
Aussi Jeannotte s'en montrait-elle reconnais-
sante. Quand Coustain arrivait à Dijon, il descendait aux étuves, chez sa commère, qui le fes-
toyait de son mieux et lui tenait toujours en
réserve, disaient les voisins, quelque *friand
morceau de char fresche, bien net du frigal* (2).

Mais aussitôt que ce misérable parvenu, eût

(1) Grand vicaire de l'évêque et chargé de l'officialité à Dijon.
(2) Enquête de 1461.

payé de sa tête son odieuse tentative d'empoi-
sonnement sur la personne du comte de Charolais, les poursuites suspendues par l'effet de
sa volonté toute puissante recommencèrent. La
Cour de Paris renvoya l'affaire à la connaissance
du bailli de Dijon. Néanmoins certaines influen-
ces persistant, la cause se traina d'ajournement en ajournement jusqu'à l'explosion du
procès de Mercier. Aussi Jeannotte, toujours
confiante dans ses protecteurs occultes, prit-
elle une part active à ces débats Elle avouait
hautement ses sympathies pour l'inculpé et ne
ménageait point son accusatrice Ainsi, au mois
d'octobre 1464, c'est-à-dire peu de temps avant
l'arrivée des lettres de sauvegarde sollicitées par
Douhet, rencontrant deux chambrières de Mme de
Molesme, elle les avait arrêtées en leur criant :
« Venez ça, vostre maistre et votre maistresse,
» que veullent ils faire de Jehan Douhet ; en
» veuillent-ils faire des pastets ou des char-
» bonnées ? Par la croix Dieu ! il a des amis et
» se deffendra bien, et sera plustost à Paris
» que vos maistres n'y seront. Et s'y y iray
» avec luy, et dirons telle chose qu'ils n'y auront
» pas grant honneur. » Elle ajoutait : « Jehan

» Douhet n'est ni lerre ni murdrier, et n'a nul
» tué ; il ne sera pas pendu pour une femme.
» Quand il sera en prison et qu'on lui deman-
» dera pourquoi il a rompu les huis de maistre
» Jehan, il répondra : pour telles choses et pour
» telles choses. Et si vueil bien que vous sai-
» chiez qu'il a deux lettres briefs et escriptes
» en papier et loyées de fil pers mis en une rai-
» neure de la paroir estant au chevet du lit
» dudit maistre Jehan, que s'il le trouvoit et
» veist, il ne auroit jamais bien, n'y auroit pas
» grant honneur. »

Disons en passant que ces écrits compro-
mettants ne furent pas retrouvés par les chambrières. Ce n'est pas tout : sa haine pour Mme de
Molême avait pris de telles proportions que, la
rencontrant dans la rue, elle lui reprocha pu-
bliquement les poursuites dont elle était l'objet,
et voulut la battre malgré son état de grossesse.
Celle-ci s'étant réfugiée dans l'église Saint-Jean,
elle l'y poursuivit le couteau à la main, et de là
jusque chez elle, où elle l'eût frappée sans Mlle
Bonne, sa nièce, et des voisines qui la proté-
gèrent (1).

(1) Enquête du 11 octobre 1464.

Ces violences, non plus que le voyage qu'elle
avait fait à Paris pour déposer en faveur de
Douhet, n'étaient pas faites pour adoucir ni le
mari ni la femme. Celle-ci en donna bientôt le
témoignage dans une enquête à l'occasion d'une
batture de Mme Pierre Aigneaul qu'on disait
provoquée par Jeanne Saignant, et qui remon-
tait à quatre ans. Mme de Molème déclara que
Jean Douhet, qu'elle ne connaissait pas encore, l'avait abordée devant son hôtel et, en
présence de son mari, lui avait proposé de
battre Mme Aigneaul, dont lui et Jeanne avaient
à se plaindre, et qu'elle-même poursuivait en
justice pour des propos calomnieux (1); qu'elle
avait refusé, mais qu'elle tenait de Jeannotte
que cette dame avait été battue à son insti-
gation.

Quant à Jean de Molème et aux Berbisey, il
ne faut pas douter qu'ils usèrent de toute l'influence que leur donnait leur position, pour
perdre la femme qui semblait prendre à tâche
de les couvrir d'infamie Ils furent, en cela, vi-

---

(1) Marion Aigneaul avait reproché à Mme de Molème « de repair-
ler avec la Saignant, et de s'être fait ramener, après minuit, par les
valets de l'abbé de Saint-Bénigne. »

vement secondés par l'opinion publique qui se plaignait, à bon droit, de voir tant de crimes impunis.

Ces grands seigneurs, ces magistrats, complices tacites de la Saignant, sentirent à la fin le danger d'une plus longue protection; ils s'en retirèrent peu à peu comme s'ils eussent pressenti le sort qu'on lui préparait. Peut-être ne furent-ils pas fâchés de penser que le secret de leurs turpitudes allait disparaître avec elle.

Néanmoins Jeannotte ne perdit rien de son insolence première. Ayant appris, sur ces entrefaites, que Douhet, dans ses aveux aux conseillers du Parlement, l'avait beaucoup chargée, elle en fut pour la première fois effrayée, mais comme son audace ne l'abandonnait pas, elle écrivit alors à Mme de Molême la lettre cynique et menaçante que voici :

« FEMME maistre Jehan de Molesmes Vous scavez que derriement je parlay à vous en vous disuant que vous faisiez mal de moy donner charge de ce traistre garnement Jehan Douhet du deshonneur qu'il vous cuide donner. Et si vous estes vantée et vos parents aussi que je estoye es informations que l'on a fait à l'encontre de ce Jehan Douhet, mais je n'en doubte homme ne femme, se ilz n'ont deux testes sur espaules Et quand je vous ay cuidé dire que vous ne les creussiez point, vous me injuriastes tantost, en me disant que je n'estoye que une paillarde et plusieurs autres injures Et aussi je parlay à vos chambellières en vous demandant si vous estiez grosse, lesquelles me respondirent que nany. Et je leur disiz que si estiez et avec cela je leur disiz que je m'en vouloye aler à Paris, et que elles me quérissent deux lettres qui sont en vostre hostel en ung petit cornet de vostre chambre, lesquels sont de mon fait et ne disiz aultres paroles par mon âme à vos chambellières. Et vous en avez dit à vostre mary ce que il vous a semblé de ces paroles nommées dont il ne m'en chault.

» Et quand vous parlastes à moy en l'ostel Girard de Vesoul en moy disant, que se je amoye vostre honneur que je m'en alasse hors de ceste ville ung an ou deux, et pour ce il vous sembloit que je fusse cause et consentant de la charge et deshonneur que Jehan Douhet vous cuide faire, dont j'ameroye mieulx morir et sur ces paroles ici, j'ai trouvé moyen d'accorder de l'adjournement que le garnement (1) m'avoit fait adjourner par Anceaul de Sanliz et en ay accordé à deux escuz d'or, que j'ay données audit Anceaul.

» Et si a ung homme de bien en vostre rue lequel m'a donné un lyon d'or des deux escuz, lequel homme me demanda en conscience se je scavoye riens de ce débat, qui estoit été fait entre vous et Jehan Douhet, ce que je juray que je n'en scavoye riens. Et il me respondit que pour rien du monde je ne bougeasse de ceste ville, pour riens que l'on me sceust dire, quand j'en estoye pure et nette Car le garnement luy estant en prison, a dit de sa bouche à gens de bien et d'honneur que vostre clerc Claude luy a ouvert l'uyz derrière de vostre hostel et entroit en vostre chambre et couchoit avec vous, et que je le scavoye bien, et que je vous ay tenue la teste; que vous me faisiez relever pour vous donner à boire à tous deux. Et que il vous donna ung chapperon à la feste de Pasques derrièrement passée, et que je le scavoye bien. Et lesdites gens de bien m'ont demandé cesdites pa-

(1) Allusion à **Jean Douhet**.

roles icy, dont je leur ay respondu bien en gardant vostre honneur, comme ils le scevent bien.
Et affin que vous sachiez que ilz sont je les
vous nommeray : Mons, le maire, maistre Pierre
Bonféal et plusieurs aultres. Lequel garnement
a sceu que j'avoye dit qu'il avoit menty de ces
paroles qu'il avoit dites, de quoy il m'a menassée
depuis qu'il est dehors de prison. Et pour ce a
il faillu que je luy aye envoyé signiffier ma sauvegarde, ou aultrement il me eust fait du des-
plaisir pour ces paroles que j'avoye dites en
gardant vostre honneur. Et pour ce vous deussiez bien considérer, en vostre cuer que se je
eusse voulu estre cause ne consentant, je ne
vous fusse point alée dire en vostre hostel ce
que vous y trouvastes, que vous le despessis-
siez ; cest assavoir son gite que vous scavez
qu'il avoit fait au charbonnier. Et les escriptures qu'il avoit faictes en vostre chambre et en
plusieurs places de vostre hostel. Et le chapperon et plusieurs bagues que vous scavez ; lesquelles bagues, je vous alay dire que vous les
cachissiez pour ce que il s'en estoit vanté à
maistre Mongin Contault, en luy disant que vostre mary en aroit des nouvelles, dont j'avoye

paour que vostre mary ne veist les escriptures
ne les aultres bagues. Et aussi plusieurs fois
vous m'avez fait jurer et faire serement sur vos
Heures que je vous garderoye vostre honneur
sans riens dire de vostre fait tant d'une chose
que d'aultre. Et pour ce je n'ay poil en la teste
qu'il ne m'en dresse quand il me souvient des
besoignes et des seremens que vous m'avez fait
à faire, dont vous y deussiez bien penser Et
pourtant soyez seure que tant que je vive s'il
ne tient en vous je n'en diray ne feray chose
qui soit à vostre deshonneur, ça j'ameroye mieulx
morir, nonobstant que l'on m'a dit que vous me
menassez de moy faire batre et dechapler plus
que char de pastelz, mais il ne m'en chault car
je ne m'en cacheray jà. Et encore ne vous vueilz
je point si mal que je ne vous scaiche à dire
que il ya ung prestre de Saint Jehan, lequel
m'a dit depuis xv jours ença, que il vit bouter
Jehan Douhet en vostre hostel le soir que ma
fille accoucha d'enffant, et le matin il vit que
je le gestay dehors, et qu'il scet bien que il cou-
cha la nuyt à l'ostel. Lequel pour ce m'a dites
ces paroles icy, en me disant que je le scavoye
bien, auquel j'ay respondu qu'il avoit menty

de ces paroles, et il me respondit que se nous n'estions en franchise qu'il me ferroit, pour ce que l'avoye dementy et je congnoiz bien que il ne vous ayme gaire et pour ce donnez vous en garde.

Et vous cuidez que je soye couroussée de ce que vous ne parlez point à moy, ne moy à vous, mais il ne m'en chault ; car aussi que gens de bien m'ont bien dit et dient que c'est plus vostre deshonneur que ce n'est le mien, veu les plaisirs que je vous ay fait du temps passé et vostre honneur que je vous ay gardé et garde tous les jours. Et feray s'il ne tient en vous Escript en l'ostel des Estuves, par la main de mon fils Bernardin, mon secrétaire, et vous prie que vous lisez bien ceste lectre et que vous l'ayez en souvenance et vienne qui plante, etc »

Cette lettre si compromettante pour Mme de Molême, et dont on s'étonne de voir la copie figurer au procès, n'eût à ce qu'il paraît d'autre effet que de précipiter la crise. Le bailliage renvoya à la mairie la connaissance du procès, et celle-ci, libre enfin dans ses allures, recommença toute la procédure.

Le procureur syndic accusa Jeannotte Sai-

gnant d'avoir commis et perpétré les crimes de
m....... . en plusieurs espèces ;

D'avoir fait pacte pour battre gens par à guet
et espiement ;

D'avoir diffamé gens notables et femmes de
bonne renommée ;

D'avoir volé sa sœur à son lit de mort ;

D'avoir tenté d'incendier la maison Aigneaul
à l'aide d'une fusée de feu grégeois ;

D'avoir fait prendre à certaines femmes mariées des « breuvaiges qui les faisaient courir
après elle, et qui faisaient qu'elles ne l'osoient
plus corroucier. »

Mais chose à remarquer : on se garda bien
de toucher à rien de ce qui pouvait atteindre
Mme de Molême. Il fut même convenu, et cela
est écrit, que *ad honorem servandum*, on tairait
tout ce qui la concernait, ou bien qu'on n'en
parlerait qu'en termes généraux. Aussi le procureur syndic, fidèle à la consigne, omit-il à
dessein, dans cette longue énumération de crimes, celui qui seul emportait la peine capitale.
Il est vrai qu'il avait été commis en présence de
la dame. En effet, Lucotte Verrier, l'une des
jeunes chambrières accostées par la Saignant,

et dont nous copions la déposition, qui est une
véritable scène de mœurs, avait déclaré :

« Que une fois elle estoit es estuves avec
Mme Clerc de Molesme, sa maistresse, et avec
une nommée Jehannotte, norrice de ladite
Clere, esquelles estuves se estuvèrent lesdites
Clere et norrice qui lors la servoit. Où, après
que elles furent estuvées, elles se couchè-
rent en ung lit nues toutes deux. Et les servoit au lit ladite maistresse d'estuves ; laquelle
vouloit lors mal à ladite norrice. Et vit, elle
déposant que icelle maistresse d'estuves s'en ala
en son jardin, prit certaine herbe, laquelle elle
broya entre ses deux mains, et mit du jus d'i-
celle herbe au vin dedans le verre de ladite
norrice et lui donna à boire, ne s'en donna
garde pour ce que elle estoit couchée devers la
ruelle du lit où on ne veoit goute Et depuis
que ladite norrice eust beu, ne eust aulcune
santé et ne s'en scavoit retourner quand elles
s'en retournèrent ; mais sembloit qu'elle estoit
devenue fole Laquelle deist quand elle fut en
l'ostel de sa maistresse que elle avoit pris ung
malvais lopin esdites estuves. Laquelle fut depuis après longuement, toujours jusqu'à la mort

malade et finablement sans depuis recouvrer
santé, elle morut. Et pour ce que ladite Clere
étant couchée esdites estuves, comme dit est,
se aperceupt que ladite Jehannotte tenoit en sa
main certaine herbe elle la luy cuida oster pour
la veoir et lui demanda quelle herbe estoit;
mais ladite Jehannotte cloit tantost sa main et
pour ce que ladite Clere luy print la main icelle
Jehannotte ne voulsit ouvrir sa main, mais aul-
cunes fois cachoit soubs l'ung de ses dois et le-
voit les aultres dois sans renverser sa main,
afin que l'on ne veist ladite herbe et disoit que
ce n'estoit riens, que elle n'en avoit point. Et finablement ladite Jehannotte ne lui voulsit onc-
ques monstrer ladite herbe et ne peust tant
faire ladite Clere que elle la sceust voir. Inter-
rogée se elle scet la cause pourquoy ladite maistresse d'estuves vouloit mal à ladite norrice,
dit que non, senon pour ce que ladite Clere me-
noit toujours avec elle ladite norrice. Interro-
gée s'il y avoit personne que elle déposant qui
veist quand ladite Jehannotte bouta du jus de
ladite herbe au verre de ladite Jehannotte, norrice, dit que ladite Clere s'en apperceupt bien
et en fut bien mal contente. Combien que elle

ne savoit que c'estoit, mais depuis elle ne voulsit boire à son verre, chose que ladite maistresse d'estuves lui donnast, que elle ne feist
boire premier à ladite maistresse d'estuves Et
vit bien, elle déposant que ladite maistresse
se cuidoit bien caichier d'elle que parle. Dit
oultre qu'il est vray que elle a oy dire plusieurs
fois à ladite maistresse que elle scavoit bien
tel chose que se ladite Clère vouloit batre elle
déposant ou aultre et elle povait mettre le doy
premièrement sur icelle Clere, elle ne auroit
pouvoir ne puissance de la batre et plus scet,
comme elle dit »

Enfin Jeannotte sommée de comparaître,
ayant fait défaut, la mairie la fit arrêter par deux
sergents et confia l'instruction du procès à Pierre
Bonféal, licencié ès-lois, conseiller du duc et
lieutenant du maire, qu'assistaient Jean de Sa-
lives et P. Baudot, conseillers de la ville. Jeannotte ayant appelé de son arrestation au bailliage, ces magistrats soutinrent l'accusation devant lui et obtinrent son renvoi définitif à la
mairie. Jeannotte alors se voyant perdue, voulut en appeler au témoignage de ces seigneurs,
de ces ecclésiastiques, de ces gros bourgeois et

notables gens qui avaient si longtemps *repairié*
chez elle, mais le procureur syndic s'y refusa
en alléguant que les faits concernant Jehan
Coustain étaient plus que suffisants pour l'accusation, et que l'examen de tant de gens de
bien n'était pas chose facile à conduire, puisque leur déposition eût été contre eux-mêmes
et contre leur honneur. Le 21 août 1465, la
Chambre de ville, présidée par P. Marriot, vi-
comte mayeur, s'étant constituée en cour de
justice, entendit le rapport de ses commissaires,
et, sur les conclusions du procureur syndic,
bien différentes de celles de 1461, après plusieurs raisons et opinions, délibéra que ladite
Jehannotte « estoit digne de mort, la condamna, par la voix et orgain de Monseigneur le
Mayeur, à estre noyée en la rivière tellement
que l'âme fut séparée du corps, et ses biens
confisqués à M. le duc (1). »

La sentence devait être exécutée sur-le-
champ; mais comme la ville manquait en ce

______

(1) Perrenot Berbisey, frère de Mme de Molème, était échevin;
mais il n'assista point au jugement. Son exemple ne fut pas suivi
par Jacques Bonne qui signa la sentence et assista aux *préparatifs*
d'exécution de la condamnée.

moment de bourreau, il fallut qu'un sergent
du duc allât quérir ceux de Vesoul et de Châ-
lon. Ce fut un retard de huit jours, au bout
desquels la Chambre ayant confirmé sa sentence, le maire manda Etienne Lescot, prévôt
de Dijon. Quand ce sinistre officier fut arrivé,
escorté de ses archers et des bourreaux, le
maire, suivi de la Chambre, précédé des sergents et du trompette, descendit aux prisons.
On lit à Jeannotte sa sentence de mort ;
puis le maire, la prenant par la manche de sa
robe, la remit solennellement au prévôt, et
en demanda acte au notaire qu'on avait fait
appeler Immédiatement après, Jeannotte était
attachée sur une claie, traînée jusque sur les
bords de l'Ouche, liée dans un sac, et terminait dans les flots une carrière souillée par
tous les crimes

Imp. E. Jobard.

www.ingramcontent.com/pod-product-compliance
Lightning Source LLC
LaVergne TN
LVHW021456170726
843501LV00005B/1697